Mindfulness, Picnic Meditation

마음챙김, 소풍명상

● 송승훈 ●

박영story

오늘도 수고한 _____ 님에게

마음챙김을 선물합니다.

서 문

　일상에 치이고, 바쁘고, 지치고, 머릿속이 복잡해서 힐링이 필요한 분들, 일상을 소풍처럼 설레도록 하는 마음챙김 명상에 관심이 있는 분들에게 추천합니다.

　어린 시절 소풍 가는 날이 생생하게 기억납니다. 기대, 즐거움, 긴장이 느껴집니다. 소풍 전날부터 설렘으로 잠이 잘 오지 않습니다. 아침 김밥은 들떠서 먹는 둥 마는 둥 합니다. 아침 등굣길 그 빛과 온도, 공기를 몸으로 기억합니다. 소풍을 오고 갈 때 자연의 풍광이 기억납니다. 처음 보는 것처럼 하늘과 녹음 그 속의 꽃을 보았고 지금도 생생하게 그려집니다. 미소가 떠어집니다. 어떻게 그럴 수 있었을까요? 알아차림 주의와 새로운 마음 덕분입니다. 이 알아차림, 즉 마음챙김 과정을 통해 자연스럽게 쉼과 깨달음, 지혜가 옵니다.

　심리학자들은 오랫동안 뇌과학 연구를 통해, 마음챙김과 함께하는 일상이 세로토닌과 도파민을 증가시킨다는 것을 발견했습니다. 마음챙김으로 머리가 맑아지고 불안과 우울, 인지능력이 개선되며, 행복감 증가를 확인했습니다.

　소풍 명상의 소풍(逍風)에는 휴식을 위한 나들이라는 뜻이 있습니다. 쪼개서 음미하면 편안하고 한가롭게 노닌다는 뜻과 바람풍과 가르침의 뜻도 있습니다. '쉼의 나들이, 편안한 가르침과 깨달음의 명상'이라는 의미로 소풍명상이라는 이름을 만들어, '22년부터 마음챙김을 기반으로 스트레스를 대처하는 명상의 문턱 낮은 예명으로 사용하기 시작했습니다.

　일상 경험을 처음 경험하는 것처럼 호기심을 가지고 관찰하는 것이 마음챙김입니다. 마음챙김 명상 연습은 생각과 감정을 거리 두고 보게 하고 개념화된 자기에서 벗어나게 하며 자비롭게 자신과 세상을 바라보게 도와 안녕감을 더 자주 경험하게 합니다. 다양한 심리적 어려움에서 자유롭게 해주는 수용전념치료 지혜(심리적 유연성)의 핵심에도 이 마음챙김 연습 과정이 있습니다.

　일상과 역경을 소풍 가는 마음처럼 마음챙김하면 어떨까요? 이 책은 그런 심리적 유연성을 돕는 실습과 예시로 가득 차 있습니다. 안내서로 여기고 매일 자주 따라 해보시길 권합니다. 또 아끼고 염려하는 사람들, 고통과 씨름하는 지인들에게도 소개해주면 좋습니다. 삶의 다양한 변화가 있을 것이라 확신합니다. 현재 스트레스 가득 찬 일상을 매일 〈마음챙김, 소풍명상〉과 함께 여행해보시기를 권합니다.

2023년 6월, 한밭 자유온에서

송승훈 드림

차 례

일상 소풍명상	아침명상	8
	걷기 마음챙김	10
	양치 마음챙김	12
	만남 전 마음챙김	14
	버스 마음챙김	16
	지하철 마음챙김	20
	커피 마음챙김	24
	샤워 마음챙김	28
	수면 전 마음챙김	30

활동 소풍명상	먹기 마음챙김	36
	다도 마음챙김	40
	정원과 함께 마음챙김	42
	등산 마음챙김	44
	수영장 마음챙김	48
	주식/코인하기 전 마음챙김	52
	운동 마음챙김	54

일터
소풍명상

발표 전 마음챙김	58
계약 중 마음챙김	62
상담 전 마음챙김	64
비행 전 마음챙김	66
상담 후 마음챙김	70
비행 후 마음챙김	72
음주 중 마음챙김	76
운전 중 마음챙김	78

감정
소풍명상

생각이 많을 때 마음챙김	85
화가 날 때 마음챙김	89
인생이 허무할 때 마음챙김	95
혼란과 멍함 마음챙김	99
수치심 마음챙김	103
우울 마음챙김	107
다툼과 갈등 중 마음챙김	111
그리움 마음챙김	117
공황 마음챙김	121
역경 속 마음챙김	125

마음챙김
원리와
실습

마음챙김 소개   127

마음챙김 경험을 위한 제안   133

마음챙김 명상에 대한 오해   135

마음챙김 명상 기초 안내   136

지금 여기를 사는 법
(매일 5분 마음챙김 연습 일지)   138

일상 소풍명상

아침명상

아침에 마음이 깨어납니다.
누워있는 안락과 여유에 머물러 봅니다.

머리, 얼굴, 목, 몸의 감각에 주의를 기울여 봅니다.
뻐근한 목은 높은 베개로 인한 것일까요.

생각을 내려놓고 천천히 좌우로 움직이며 감각에 집중해 봅니다.

오늘의 계획들을 생각하며 벌떡 일어나려는 욕구를 알아차려 봅니다.
급하게 일어나면 허리가 삐끗할 수 있다는 생각
생각을 생각으로 알아차려 봅니다.

발가락, 발바닥, 장딴지, 허벅지, 다리 감각에 주의를 기울여 봅니다.
허리, 등, 배, 가슴 부위에 천천히 옮겨가며 느낌에 주목해 봅니다.

위장의 텅 빈 느낌, 그 충만함도 알아차려 봅니다.
심장의 소리에도 주의를 기울여 봅니다.
느루 감사가 올라옵니다.

점차 일어날 마음을 다져 봅니다.
침대를 떠나 소풍 갈 준비를 합니다.

천천히 아주 천천히 움직여 봅니다.
천천히 한 걸음씩 나아가 봅니다.

걷기 마음챙김

걷고 있습니까
어디에 있습니까
어디로 가고 있습니까

오가며 자주 걷는 길입니다.
일터 주변을 산책하는 길일 수도 있습니다.
오늘은 새로운 마음, 새로운 방식으로 걸어 봅니다.

바닥을 바라 봅니다.
천천히 걷습니다.

뒤꿈치부터 혹은
앞꿈치부터 지면에 닿아 봅니다.

발의 압력에
각 다리의 흔들림에 주목해 봅니다.

신발과 바닥이 닿는 감각을
한동안 관찰해 봅니다.

움직일 때 풍경
때로 소리
때로 냄새
이동하며 볼에 닿는 공기의 흐름을 느껴 봅니다.

손의 흔들림과
균형의 중심이 이동하는 것을 알아차려 봅니다.
내딛는 발자국 수를 세어보세요.

나는 어디에 있습니까
나는 어디로 가고 있습니까

알아차림으로 멈춤 합니다.
오늘도 중요한 것
당신의 가치를 향해 나아갑니다.

양치 마음챙김

거울에 비친 자신을 봅니다.
치아를 찬찬히 봅니다.

느린 호흡
칫솔에 치약이 천천히 닿습니다.

칫솔모가 잇몸에 닿는 느낌
치약이 닿는 감각을 느껴 봅니다.

천천히 위아래
천천히 좌우 감각을 살펴 봅니다.

치약의 맛을 천천히 관찰해보세요.
반응도 살펴 봅니다.

손과 팔의 움직임,
솔의 압력을 느껴보세요.

빨리 마치고 싶은 조바심
마구 습관적으로 마찰하려는 욕구도 알아차려 보세요.

입 안을 헹굽니다.
헹굴 때의 물의 시원함을 느껴보세요.

입안의 개운함을 느껴 봅니다.
잇몸의 감각을 느껴 봅니다.

나는 온전히 여기에 있습니다.

만남 전 마음챙김

약속 시간을 바라 봅니다.
남은 시간에 눈을 감아 봅니다.

감은 눈의 어둠
눈 틈으로 오는 밝음을 느껴 봅니다.

몸 안에서의 약간의 긴장감
약간의 피로감을 알아차려 봅니다.

어깨의 감각에 주의를 기울여 봅니다.
나 긴장하고 있구나~

그가 오는 과정을 상상해 봅니다.
소풍 가듯 일어나 준비하는 마음.
오래전부터의 약속을 지키려는 마음.
천천히 다가오는 마음을 상상해 봅니다.

나는 여기에 있습니다.
상상을 내려놓고 지금 발바닥의 감각을 알아차려 봅니다.
아, 나는 여기 있구나~

엉덩이의 감각
의자에 밀착된 허리의 감각에도 주의를 기울여 봅니다.

호흡에 집중해 봅니다.
천천히 들숨과 날숨에 주의를 기울여 봅니다.
몸과 마음이 가벼워짐을 알아차림 합니다.

곧 오는 그 사람이 앞에 있다 생각해 봅니다.
그 사람의 건강과 평화, 행복을 기원하는 메시지를 보내 봅니다.

당신이 건강하기를
당신이 평안하기를
당신이 행복하기를

만남의 시간이 다 되었습니다.
열린 마음으로 문을 활짝 열어둡니다.

버스 마음챙김

버스를 기다립니다.
나는 어디로 가고 있습니까

몇 번을 탈지, 카드가 있는지
찬찬히 살펴 봅니다.

버스를 타기 전 몸 상태를 살펴봅니다.
감각 구석구석을 바라봅니다.

초조함
버스 도착 시간에 대한 기대
버스가 오지 않는 것에 대한 조바심
다양한 마음을 알아차려 봅니다.

버스가 옵니다.
승객이 보입니다.
자리가 보입니다.
서둘러 타려는 마음
원치 않는 자리
없는 자리에 대한 실망도 관찰합니다.

흔들리는 몸
자동차 엔진 소리
스치는 감각
판단과 평가를 관찰하고 함께 갑니다.

불편한 사람
불편한 행동
일어나는 생각과 감정을 관찰합니다.
없어지길 바라며 씨름하기보다
기꺼이 함께 해 봅니다.

창밖에 풍경
늘 보던 풍경
사람 풍경
처음 보는 것처럼 호기심으로 봅니다.

준비하는 마음
내릴 시간
내릴 장소에 대해 알아차림 합니다.

안전한 운행에 대한 기원
안전한 도착에 대한 감사를 느껴 봅니다.

감사를 보내 봅니다.

지하철 마음챙김

지하철을 기다립니다.
문 앞에 섭니다.
여행 가는 마음일 수 있을까요?

시민 안전을 위해
출입구와 거리두기를 강조하는
문구를 봅니다.
나도 걱정과 거리두기 해 봅니다.

안전 담당자들의 노력이 보입니다.
승객과 시민의 안전을 기원해 봅니다.

지하철 오는 소리가 멀리서 들립니다.
점차 가까워 오는 소리
벨소리, 브레이크 소리에 주의를 기울여 봅니다.
판단을 생각으로 보고 놓아둡니다.
생각이구나

답답한 마음에서
느리게 천천히 호흡해 봅니다.
내쉬는 호흡을 길게 머물러 봅니다.
후~
반가운 마음으로 가는 변화도 알아차림 합니다.

문에 들어서면서
사람들의 알록달록 모습
내 시선의 혼란을 알아차림 합니다.

적당한 위치에 서 봅니다.
답답함
불편함
경계와 흔들림
통제 욕구의 긴장을 살펴 봅니다.
안전한 공간에서 눈도 감아 봅니다.

전동차 안의 온도
손잡이의 감각
진동의 느낌
후각으로 느껴지는 다양한 향기
들리는 소리를 하나씩 판단 없이 관찰해 봅니다.

나는 어디에 있고 어디로 가고 있습니까

다양한 경험을 있는 그대로 맞이하고
흘려보냅니다.

한 배를 타고 가는 사람들
그들과 나의 평화와 행복을 빌어 봅니다.

느루 감사가 밀려옵니다.

커피 마음챙김

카페를 들어섭니다.
향기가 문 사이로 흘러 나옵니다.

메뉴판을 찬찬히 보고 따듯한 커피를 주문합니다.
의자에 앉습니다.

신체 반응을 알아차려 봅니다.
감정을 알아차려 봅니다.

피곤함을 알아차려 봅니다.
어깨, 두통 등도 관찰해 봅니다.
수고한 자신에게 자비의 메시지를 보내 봅니다.

커피가 나왔다고 합니다.
설렘으로 천천히 이동합니다.

쟁반과 커피를 들고 적당한 자리에 앉습니다.
커피와 어울리는 잔과 쟁반을 찬찬히 봅니다.

몸을 천천히 기울여 향을 맡아 봅니다.
새큼달큼 중후한 맛을 느껴 봅니다.

얼굴 피부에 온열기가 묻습니다.
등줄기와 척추의 느낌에도 주의를 기울입니다.

마시고 싶은 욕구를 자각합니다.
손잡이를 손으로 천천히 잡고 입 가까이 대 봅니다.
온기를 느껴보고 온도도 맞춰 봅니다.

다시 잔을 내려놓고 아지랑이를 바라봅니다.
손으로 잔을 살며시 감싸 봅니다.

온기를 느껴 봅니다.
즐겁게 기다림을 해 봅니다.
다시 향을 맡아보고 낯설게 느끼고
또 익숙하게 표현할 단어를 찾아 봅니다.

입에 가까이 대고
입 안에서 일어나는 반응을 살펴 봅니다.
서둘러 마시고픈 욕구도 봅니다.
호~하고 내쉬는 숨
물결을 만들어 봅니다.
이내 한 모금 마시고
맛을 음미해 봅니다.

어떤 맛이 느껴지나요?
온도와 감각을 느껴 봅니다.

뜨겁고 개운함을 느껴 봅니다.
목 넘김과 여운
식도를 지나 위로 넘어가는 감각

쓴맛, 신맛, 달콤한 캐러멜 맛과 향
복합적인 맛을 하나하나 찾아 봅니다.

다시 한번 향을 맡고
앞에서의 과정을 반복합니다.

감각에 머물 때
여기에 머물렀습니다.

피로감과 통증
다양한 감각을 알아차려 봅니다.

즐거움
설렘을 경험해 봅니다.
익숙해진 맛을
자주 반복해서 경험해 봅니다.

맛이 지나갑니다.
맛이 다시 찾아옵니다.

심장의 두근거림
상기된 피부감각, 몸의 변화 등을 관찰해 봅니다.

샤워 마음챙김

호스의 레버를 봅니다.
만지는 차가운 감각도 관찰해 봅니다.

서두르는 마음도 자각해 봅니다.
레버를 돌리려는 의도를 봅니다.

솨하~ 물소리에 주목해보세요.
분사되는 연속된 방울도 봅니다.

몸의 여러 부분에 분사되는 물의 따뜻함,
시원함, 압력 등의 감각을 느껴보세요.

미끄러운 비누
거친 솔
마찰의 느낌에 주목해보세요.

뽀송한 감각
보드라운 감각
때로 거친 수건의 질감에 주목해보세요.

개운함, 시원함, 온기 등 신체의 변화를 관찰해 봅니다.
기분의 변화와 욕구를 관찰해 봅니다.

몸아 수고했다! 해줍니다.
이건 선물이구나! 해줍니다.

천천히 느리게 호흡하며
감각에 주목합니다.
변화에 주목합니다.

수면 전 마음챙김

시계를 천천히 봅니다.

나의 몸 상태를 알아차려 봅니다.
눈과 목, 어깨 등의 감각을 알아차려 봅니다.

지금부터 천천히 움직입니다.
천천히 이동하고 조명을 낮춥니다.

욕구를 바라보고 피로도 바라 봅니다.
동작 하나하나 음미하며 천천히 준비를 합니다.

불을 정돈하고 이불을 정돈합니다.
침구류를 챙기고 알람도 확인합니다.

주변에 수면 계획에 대해 조용히 알립니다.
그리고 내일 스케줄과 필요한 물건을 생각해보고
간단히 가방을 챙깁니다.

스마트폰은 가능하면 멀리 둡니다.
물도 한잔 마십니다.

천천히 음미하며 입, 잇몸, 목을 축입니다.
천천히 목을 타고 넘어가는 것을 알아차립니다.

이내 천천히 눕습니다.
피로나 시간 때문에 서두르려는 마음도 알아차려 봅니다.
각성을 줄이기 위해 천천히 눕습니다.
느린 호흡, 천천히 움직입니다.

누운 상태로 하루 수고한 나에게
토닥토닥 위로의 말을 해줍니다.
늘어진 상태에 머물러 봅니다.
몸 구석구석 안부를 확인해 봅니다.

'파국적 생각은 생각'이라 해주고 내려놓습니다.
'일어나지 않은 일과 걱정도 내일 처리해줄게' 하고 내려놓습니다.

숨을 잠시 참아보고
손가락, 발가락, 얼굴, 몸, 전신에 천천히 힘을 주어 봅니다.
호흡을 길게 내쉬면서 전신에 힘을 뺍니다.
아, 편안하다~
힘을 빼고 열린 자세로 늘어져 봅니다.
2-3회 반복해 봅니다.

이완의 느낌을 오롯이 누려 봅니다.
"이완이구나. 편안하다." 해줍니다.
"나는 편안하다. 나는 잠이 든다." 해주면서
느리게 천천히 호흡을 합니다.
천천히 느리게 호흡을 합니다.

나에게도 남에게도 편안한 밤을 기원해 봅니다.

내가 평안하기를
당신이 평안하기를 바랍니다.

활동 소풍명상

먹기 마음챙김

식사를 하러 길을 나섰습니다.
천천히 걸으며 주변을 관찰합니다.
빛도 봅니다.

포장을 부탁합니다.
불친절하게 느껴지는 말투도 경험합니다.
분주함 속 긴장도 관찰합니다.

나의 욕구와 바람도 관찰합니다.
나는 가야 할 방향에 집중합니다.
비용을 지불합니다.
불편함을 알아차리고 판단을 내려둡니다.

천천히 걸어 봅니다.
아까 오던 길과 어떤 다른 느낌이 드는지 관찰합니다.

빠르게 가고 싶은 욕구를 알아차려 봅니다.
코에 맴도는 음식 향에 주의를 기울여 봅니다.
서둘러 먹고 싶은 바람을 알아차려 봅니다.

식탁에 음식을 놓고
포장을 풀러 봅니다.
서두르는 마음, 서두르는 손동작을 느껴 봅니다.
음식을 열고 앉아 기도를 해 봅니다.

눈으로 감상을 합니다.
정성을 느껴 봅니다.

향을 맡아 봅니다.
식욕과 침 반응을 관찰합니다.

젓가락의 감각을 느껴보고 천천히 하나 집어서
접시에 올려놓습니다.

천천히 향을 맡아 봅니다.
마중 나가는 식욕을 느껴 봅니다.

입을 열고 혀 위에 놓습니다.
입을 닫고 반응을 관찰합니다.

오른쪽부터 씹어 보고 반응을 관찰합니다.
맛을 관찰합니다. 침샘 반응을 관찰합니다.
여러 번 씹습니다. 맛과 향을 경험합니다.

충분히 느리게 씹어 봅니다.
다양한 맛을 알아차려 봅니다.
다양한 식재료가 치아에서 으깨지면서
즙과 향을 내는 것에 주의를 기울여 봅니다.

삼키고자 하는 의도와 욕구를 관찰합니다.
삼켜 봅니다.
목을 타고 식도를 지나 위에 안착하는 느낌을 살펴 봅니다.
감각과 그 이후에 오는 욕구를 알아차려 봅니다.

맛있다는 평가도 알아차려 봅니다.
음식이 어떻다는 판단도 알아차려 봅니다.

다시 처음 진행했던 순서대로 젓가락으로 음식을 집어서
같은 순서로 반복해 봅니다.

여기 지금 온전히 먹는 것에만 집중해 봅니다.
나는 여기 지금에 있습니다.

다도 마음챙김

찻잔을 준비합니다.
물을 준비합니다.

느린 호흡으로 천천히 움직입니다.
물을 끓입니다.
서두르거나 느긋한 마음을 봅니다.

증기를 바라 봅니다.
증기의 기운을 느껴 봅니다.

천천히 호흡하며
준비한 찻잎, 티백을 놓습니다.

손에 쥔 주전자의 따듯함에 주목합니다.
서두르거나 망설이는 마음을 봅니다.

물 따르는 소리에 주목해 봅니다.
일어나는 감정을 느껴 봅니다.

잔의 온도와 질감을 느껴 봅니다.
온도 변화를 관찰합니다.

향과 맛에 주목합니다.
입에 댈 때 의도, 입 안에서 느껴지는 변화를 관찰해 봅니다.
불어내는 공기
마시는 공기
향과 온도를 천천히 느껴 봅니다.

혀의 느낌, 목의 느낌에 주목합니다.
차가 목을 타고 넘어가는 느낌에 주목합니다.

차가 여행을 하고 나서 안착하는 감각에 집중해 봅니다.
마신 후에 여운
향기에 머물러 봅니다.

등, 목, 얼굴, 손, 발에서 나타나는 변화를 관찰해 봅니다.
물의 흐름과 도는 피를 느껴 봅니다.

정원과 함께 마음챙김

정원에 잠시 멈춤 합니다.
풀냄새, 흙냄새에 주목해보세요.

꽃, 나무의 특유한 향에 집중해 봅니다.
입자가 와서 코에 앉아 뇌에 전해진다고 상상해 봅니다.

잡초가 보입니다.
의도와 마음을 알아차려 봅니다.
잡초를 뽑습니다.
잡초를 뽑을 때 잡아당기는 감각을 느껴보세요.

잡초와 함께 나오는 흙내음에도 주의를 기울여 봅니다.
그들의 생존 뿌리들도 바라 봅니다.

모종삽의 차가운 느낌
모종삽으로 흙을 밀어내는 느낌에 주의를 기울입니다.

호미 손잡이의 따듯하고 거친 느낌
호미로 긁어지고 쏙 들어가는 느낌에 주목해 봅니다.
금속과 흙, 작은 돌이 만나는 소리도 가만히 들어 봅니다.

사실, 지금 그대로의 모습도 좋습니다.

변화무쌍하게 미묘하게 달라지고 성장한 식물들을 봅니다.
그들이 전해주는 메시지는 없는지
감각을 열어 주의를 기울여 봅니다.

생각이 올라오면 '생각이다' 하고
지금 머문 그 식물에 주의를 기울여 봅니다.

처음 지구를 방문해서
신기한 생명을 본 것처럼 관찰해 봅니다.

등산 마음챙김

산행을 준비합니다.
도움이 될만한 간식, 음료와 모자, 배낭을 챙깁니다.

엘리베이터를 기다리며 스트레칭을 합니다.
발목과 관절의 상태를 살펴 봅니다.

입산하며 깊고 느리게 호흡을 해 봅니다.
공기의 온도와 냄새 등에 주목해 봅니다.

하늘과 날씨를 관찰해 봅니다.
어디인지 어디로 갈 것인지
몇 시인지 알아차림 해 봅니다.

자동적으로 기계처럼
서둘러 오르려는 마음을 관찰합니다.
속도와 템포, 리듬을 조절해 봅니다.

목적에만 심취하지 않게
걷는 걸음에 집중해 봅니다.

발 옆에 풀과 이름 없는 들꽃
나비와 곤충을 천천히 지나갑니다.

처음 보는 것처럼 나무의 실루엣
나무의 결, 질감도 살펴 봅니다.

거친 호흡도 살펴보고 느리고 천천히 호흡합니다.
정상 아래 시야를 멀리 두었다가
발 아래 가까이 두었다가 해 봅니다.

높은 곳에서 느껴지는 공기
폐에서 느껴지는 시원한 감각
얼굴과 몸에 전해지는 바람의 감각에 주의를 기울여 봅니다.
자신의 몸에 변화나 감각에 대해 알아차림 해 봅니다.

나무는 나무요
꽃은 꽃인 것처럼
생각이 많아질 때는 여기에만 머물러 봅니다.
생각은 내려놓고 머물러 봅니다.

등산 시간의 양에 집중하고 있지 않은지 보고
유연하게 발걸음을 돌려 봅니다.

수영장 마음챙김

샤워기에 섭니다.
몸을 두드리는 물방울 감각에 주의를 기울입니다.
천천히 옷을 입습니다.
밀착하는 옷에 몸을 넣습니다.
착 붙는 느낌을 느껴 봅니다.

천천히 스트레칭을 합니다.
목에서 당겨지는 근육의 감각을 느껴 봅니다.
팔, 어깨, 허리, 다리 근육에서 당겨지는 느낌을 관찰해 봅니다.
천천히 관절을 돌려보며 움직임을 연습합니다.

물에 들어갑니다.
물에 온도를 느껴 봅니다.
전신을 타고 가는 온도와 느낌에 주의를 기울여 봅니다.
물을 손으로 잡아보며 감각을 경험합니다.
물을 좌우로 밀어내며 저항을 경험합니다.
안경 너머 보이는 빛에도 머물러 봅니다.

물아래 바닥도 살펴 봅니다.
박차고 심연으로 들어가 봅니다.
물살을 가르며 나아가는 몸
얼굴과 머리에 다가오는 물결
손과 팔, 전신을 타고 가는 물살을 느껴 봅니다.

바닥과 주변에서 펼쳐지는
파란 타일 바닥
빛이 들어와 심연을 비추는 물속을
관찰해 봅니다.
나는 여기에 있습니다.

생각은 잠시 내려놓고
침잠하며 올라오는 부력을 느껴 봅니다.
공기 가득 찬 폐의 느낌도 느껴 봅니다.
입으로 내뿜는 공기 방울도 느껴 봅니다.

가슴, 속 답답함도 느껴 봅니다.
숨 쉬고 싶은 욕구도 알아차려 봅니다.
물 밖으로 나가고 싶은 마음도 알아차려 봅니다.
천천히 물 밖으로 나오는 감각에 주의를 기울여 봅니다.

물 밖 공기를 만나 호흡하는 자유를 느껴 봅니다.
하늘 보고 돌아누워 힘을 빼 봅니다.
조금 더 여러 번 느리게 호흡을 해 봅니다.
나른함도 경험해 봅니다.

등과 배에 온도 차이도 느껴 봅니다.
시야에 들어오는 천장과 천장 주변에서 들어오는
빛에 주목해 봅니다.

아, 나는 오롯이 여기에 있습니다.

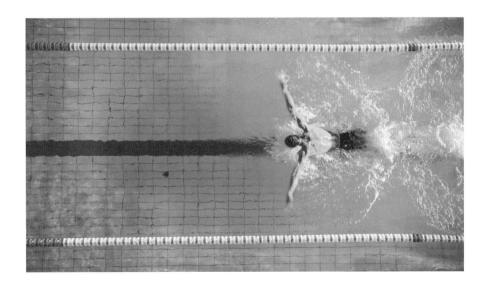

주식/코인하기 전 마음챙김

신문 기사
뉴스 기사
오며 가며 들은 이야기로 접속한 마음

주식을 사려는 마음
장에 뛰어들려는 마음을 관찰해 봅니다.

호흡을 합니다.
깊게 들이마시고 길게 내쉽니다.

시간 여유가 있다면
이체하기 전에
사기 전에
클릭하기 전에
잠시 멈춤 해 봅니다.

충동, 생각, 감정을 하나하나
처음 보는 것처럼 바라 봅니다.

돌이킬 수 없는 결정은 아닌지
익숙한 패턴은 아닌지 살펴 봅니다.

일부의 뉴스가 아닌
전체적인 흐름을 찾아 봅니다.

가치에 맞는지 잠시 생각해 봅니다.
가치에 다가가는 행동과 결단인가 생각해 봅니다.

원금 손실, 만회 욕구
대박의 바람에 대해서 잠시 관찰해 봅니다.

잠시 내려놓고
시간이 지나도 지속되는 충동과 생각인지 관찰해 봅니다.
일시적인지, 확신에 근거가 있는지 숙고해 봅니다.

운동 마음챙김

당신은 지금 하키장, 축구장 등에 있을 수 있습니다.
지금 여기에 누구와 왜 있는지 자각해 봅니다.

사람들을 보고 인사하며
마음챙김 대화를 해 봅니다.

잠시 앉아 몸 감각에 주의를 기울여 봅니다.
컨디션은 어떤지 몸의 구석구석을 스캔해 봅니다.

연습하고 있는 사람들을 보고
끓는 피와 동하는 마음을 관찰해 봅니다.

장비를 꺼내면서 하나하나 천천히 바라보고 착용해 봅니다.
서두르는 마음과 빠른 손도 알아차림 합니다.

스트레칭을 하면서 의도와 감각을 주목해 봅니다.
몸에서 느껴지는 감각에 주의를 기울여 봅니다.
통증이나 시원한 감각에 주목합니다.

지금 운동의 재미와
자신의 가치와 충돌은 없는지 살펴 봅니다.

무리할 상황에 대해 시뮬레이션을 해 봅니다.
더 큰 가치와 계획이 있다면
오늘 끌어올린 활동의 정도를 가늠해 봅니다.

나는 누구입니까
운동의 의미는 무엇입니까
나는 얼마만큼 해낼 수 있습니까
나는 어느 정도 기여하고 기꺼이 참여할 예정입니까

천천히 입장합니다.
운동 중에 수시로 마음챙김 합니다.
무리하고 있지 않은지 몸의 상태에 대해 관찰해 봅니다.

오늘 하루뿐인 마지막 운동이 될지
오래 즐기고 지속하는 운동이 될지
가치에 맞는 우리의 선택에 달려 있습니다.

일터 소풍명상

발표 전 마음챙김

무대와 단상에 오르기 전에 마음
어수선한 마음
긴장된 마음을 호기심 있게 관찰해 봅니다.

입장하는 사람들의 소음
표정에 대해서 판단하지 않고
자비롭고 호기심 있게 관찰해 봅니다.

잘하고 싶은 나의 마음을
관찰해 봅니다.

과거의 여러 수행에서의 실수
일어나지 않은 걱정이 올라올 수 있습니다.
지난 일이고 일어나지 않은 일이라 내려놓습니다.
내쉬는 호흡과 함께
내 발이 내딛는 감각에 집중해 봅니다.

나는 여기에 있습니다.
호기심 있게 발의 감각에 잠시 집중해 봅니다.
천천히 느리게 호흡합니다.

신체 감각에 집중해 봅니다.
어깨, 목, 등, 얼굴, 열감 있는 머리 등도
'판단보다 수용으로 느끼고 있구나'라고 해줍니다.

호흡으로 와서 내쉬는 호흡
마시는 호흡에 천천히 주의를 기울여 봅니다.
내쉬면서 편안하다 해줍니다.
차분하게 잘 대응하자 말해줍니다.

주의를 천천히 눈으로 가져옵니다.
감은 눈으로 피부 밖의 빛에 주의를 기울여 봅니다.
느린 호흡과 함께 천천히 눈을 뜹니다.

내가 잘하고 싶구나.
생각을 알아차림 합니다.
'준비된 만큼, 그대로 한다'고 마음을 먹습니다.
'기꺼이 열린 마음으로 소통하겠다'고 마음을 먹습니다.

얼굴 스트레칭을 합니다.
물을 약간 마시며 목소리를 가다듬습니다.

강사 소개가 들립니다.
자, 강의 시작합니다.

계약 중 마음챙김

계약서, 통장, OTP
살펴보기 전 긴장을 알아차립니다.

일상생활을 위해 꼭 필요한 과정과
물건입니다.

빠트린 것이 없는지 찬찬히 살펴 봅니다.
긴장으로 붕 떠 있는 마음도 알아차려 봅니다.

눈을 감아 봅니다.
신체 감각을 느껴 봅니다.

두통이 있을 수도 있습니다.
열감, 뻣뻣한 목과 근육도 느껴 봅니다.

심란하고 어지러운 마음
걱정으로 가는 마음
파국적인 생각이 지나가는 것도 봅니다.
회피하고 싶은 마음도 관찰해 봅니다.

천천히 호흡합니다.
내쉬는 숨에 집중해 봅니다.
공기를 마실 때 약간의 시원함
내쉴 때의 따뜻함도 느껴 봅니다.

잠시 눈을 감고 여기에 머물러보세요.
여러 번 확인한 마음도 떠올려보세요.

차분한 마음

천천히 눈을 뜨고
계약을 살펴 봅니다.
혹은 번호를 눌러 봅니다.
내 행동을 살펴보며 천천히 하나씩 해 봅니다.

맑은 마음과 함께
차분하지만 명료한 행동이
생기가 있습니다.

상담 전 마음챙김

분주한 마음입니다.
하던 일을 멈추고
지금 여기로 주의를 가져옵니다.

만남 15분 전입니다.
어떤 마음인지 살펴 봅니다.

불편한 마음이 알아차려집니다.
열린 마음으로 호기심을 가지고 살펴 봅니다.

몸에 어떤 감각이 느껴지는지 살펴 봅니다.
몸의 부위별로 느껴지는 감각이 있는지 관찰해 봅니다.

어깨 감각은 어떻습니까
목 주변 감각은 어떻습니까

등 부분에 감각은 어떻습니까
뻐근함과 통증이 느껴집니까

열감이 느껴집니다.
얼굴과 몸에서 느껴집니다.

긴장입니다.
불안입니다.
걱정이 지나갈 수도 있습니다.

생각에게 "얼마나 머물다 갈거니?"라고 묻습니다.
지나갈 마음을 관찰해 봅니다.

고객을 만나기 전에 심호흡을 합니다.
오는 사람에게 평화와 위로의 메시지를 보내 봅니다.

당신이 평안하길 바랍니다.
나도 평안하기를 바랍니다.

천천히 일어나 공간의 문을 열고
그 사람을 맞이할 준비를 합니다.

기꺼이
자비로운 마음으로

비행 전 마음챙김

출발 전
안내 방송에 주의를 기울여 봅니다.

어깨와 목에 긴장감을 알아차려 봅니다.

생각이 과거와 미래
파국적인 생각으로 간다면 생각임을 알아차립니다.

현재에 집중해 봅니다
마치 처음 보는 창문
천장 조명

천장에 선들
수납함들

각종 친절한 안내들
눈 앞 시트 좌석
글씨
소재와 기능들

하나하나
처음 보는 것처럼 관찰해 봅니다.

비행기가 이동할 때
바닥의 진동
발바닥의 감각을 관찰해 봅니다.

생각으로 걱정으로 간다면
지금은 도움 안 되는 생각이라 알아차려 봅니다.

애쓰는 기장과
최선을 다하는 승무원
모든 승객의 안전을 기원해 봅니다.

느리게
천천히 호흡하며
몸에 느껴지는 압력을 관찰해 봅니다.

서서히 이륙합니다.
등에서의 압력이 느껴집니다.
고막에서의 불편감을 느껴 봅니다.
위와 배에서 느껴지는 감각을 느껴 봅니다.

이륙했습니다.
비행기 소리, 공기의 소리에 주의를 머물러 봅니다.
안전을 위해 자리 잡는 이동의 변화를 살펴 봅니다.

안도와 함께 자연스러운 불안을 수용해 봅니다.
몸을 감싸줍니다. 괜찮다 해줍니다.

즐거운 여행되기를 바랍니다.

상담 후 마음챙김

문을 닫고 그 사람이 나갑니다.
나도 문을 닫습니다.

잠시 앉아 텅 빈 고요를 느껴 봅니다.
마음에서 느껴지는 상기된 마음도 관찰해 봅니다.

헤어질 때 올라왔던 긴장도 관찰해 봅니다.
나눴던 대화가 반추가 됩니다.
생각입니다.
후회가 올라옵니다.
생각입니다. 생각임을 거리 두고 관찰해 봅니다.

빈 공간을 둘러 봅니다.
자신도 관찰해 봅니다.

잔여 감정을 관찰해 봅니다.
이 감정의 원인에 대한 생각이 지나갑니다.
생각임을 관찰해 봅니다.

침묵을 관찰해 봅니다.
깨어 있는 나를 자각해 봅니다.
판단하는 나를 관찰해 봅니다.

자비명상을 해 봅니다.
호흡을 느리게 합니다.

당신이 행복하기를
당신이 건강하기를
당신이 평안하기를

나에게도 위로의 메시지를 보내 봅니다.
내가 행복하기를
내가 건강하기를
내가 평안하기를
내가 통제 욕구에서 자유롭기를
내가 스트레스로부터 자유롭기를

나는 지금 여기에 있습니다.

비행 후 마음챙김

착륙할 준비를 합니다.
안내 방송에 주의를 기울여 봅니다.

걱정을 살펴 봅니다.
생각이 달리고 긴장이 오는 것을 관찰해 봅니다.

파국적 생각은 생각임을 봅니다.
비행기 착륙 문제는
차량 사고 이슈보다 안전하다는 사실을 떠올려 봅니다.

계단처럼
또는 가파른 하강의 느낌
의자에 느낌으로 주의를 옮겨 봅니다.
바닥 발에 감각에 주의를 머물러 봅니다.

모두가 자기 생명을 소중히 여기고
최선을 다하고 있음을
알아주고 인정해 봅니다.
통제할 수 없는 것을 수용해 봅니다.

하강할 때 느낌
체온의 변화
몸과 마음의 변화를 관찰합니다.

도착 후 펼쳐질 여행
새로운 환경
식사를 상상해 봅니다.

다시 여기로 와
귀의 감각
소리, 바닥의 느낌에 머물러 봅니다.
호흡을 천천히 합니다.
천천히 내쉽니다.

곧 바닥에 바퀴가 닿습니다.
호흡을 내쉬고 주의를 기울입니다.
쿵하는 느낌
바닥에 닿는 소리와 굴러가는 느낌에 주의를 기울여 봅니다.

자, 도착했습니다.
감사를 표현해보세요.

모든 이들의 행운, 건강을 기원해 봅니다.
좋은 여행 되세요.

음주 중 마음챙김

즐겁고 슬픈 회식
이동하면서 느껴지는 마음에 주목해 봅니다.

선택했다면
기꺼운 마음에 관해 생각해 봅니다.

불편한 마음
즐거운 마음
판단하는 마음에 대해 알아차림 해 봅니다.

권하는 손과 잔에 집중해 봅니다.
술보다 먼저 가는 마음에 대해 집중해 봅니다.

술에 대해 생기는 판단과 감정을 살펴 봅니다.
짧은 시간 동안 머물러 봅니다.

가치에 대해 알아차림합니다.
가치에 전념할지 결정해 봅니다.

한 잔을 입술에 댄 느낌과 신체 반응을 관찰해 봅니다.
어떤 마음이 올라오는지 봅니다.

마실 때 입 안에 혀의 감각
맛과 느낌에 대해 머물러 봅니다.

신체 반응, 얼굴 근육의 움직임
판단, 호오 등 올라오는 다양한 경험을 수용해 봅니다.

혀 뒤로, 식도를 지나
위에 안착하는 느낌
뒤이어 오는 향에 대해 관찰해 봅니다.

다음 경험을 기꺼이 수용할지
그만 멈출지 결정하고 알아차림 합니다.

차분하게 호흡하고
천천히 들이마시고 내쉽니다.

결정이 섰으면 가치 전념합니다.

운전 중 마음챙김

출발 전에 잠시 마음챙김 합니다.
호흡하며 전신의 감각에 주의를 기울여 봅니다.

목적지와 경로에 대해 알아차림 합니다.
한 번에 하나씩 설정을 마치고 나면
호흡을 천천히 느리게 해 봅니다.

신호등과 막히는 차량
조바심과 여러 가지 불편한 마음을 관찰해 봅니다.
일어나지 않은 일에 대한 걱정도 알아차립니다.

시선과 시야는 앞을 보고
반복되는 생각과 이미지가 있다면 알아차리고 내려놓아 봅니다.
차량의 소리, 핸들의 조향을 주목해 봅니다.

끼어드는 차량
경적을 울리는 차량
과속하는 차량
일어나는 감정을 알아차림 합니다.
운전대에 힘이 들어가는 것을 관찰해 봅니다.

일부러 의도를 가지고 나를 괴롭힌다는 생각을 관찰해 봅니다.
생각을 사실이 아닌 생각으로 봅니다.
다양한 가능성을 생각하며 가설을 정정해 봅니다.

가치를 떠올리며
가치에 다가가는 행동을 합니다.

호흡합니다.
스트레칭하며 근육을 풀어줍니다.
깊게 마시고 길게 내쉽니다.

졸음이 오면 알아차리고
창문을 열어 환기를 시켜보세요.

몸의 변화와 상태를 관찰합니다.
피로감, 졸음이 강하게 오면 알아줍니다.

휴게소에 잠시 들러, 기지개도 켜고 잠시 걸어보세요.
차 안에서 쪽잠을 자도 괜찮습니다.

감정 소풍명상

생각이 많을 때 마음챙김

당신도 생각이 많아 잠이 오지 않을 수 있습니다.
일이 손에 안 잡힐 정도로 생각이 복잡할 수도 있습니다.

생각이 미래에 머물면 불안하기 쉽습니다.
생각이 과거에 머물면 우울하기 쉽습니다.

지금 경험에 대해 생각의 흐름을 관찰해 봅니다.
생각을 실제가 아닌 생각으로 봅니다.

생각이 끊임없이 옵니다.
이건 생각이구나 해줍니다.

저기서 흘러와서
내 앞에서 지나가는 시냇물을 상상해 봅니다.
나뭇잎을 고릅니다.
생각을 잎에 올려놓습니다.

흐르는 물 위에 올려놓습니다.
나뭇잎이 물과 함께 발밑을 지나 멀리 갑니다.
생각이 멀리 갑니다.

나뭇잎 하나를 더 고릅니다.
다른 생각 조각도 그 위에 붙여 봅니다.
그리고 내려놓고 천천히 흘려보냅니다.
붙잡지 않고 보냅니다.

끊임없이 오는 생각을 통제하려고 애쓰지 마세요.
생각을 없애려고 애쓰지 마세요.

그냥 바라 봅니다.
할 수 있다면 나뭇잎 심상화로 내려놓고
흘려보내 봅니다.

생각이 기분에 영향을 많이 받기에
기분도 알아차려 봅니다.
몸 상태도 알아차려 봅니다.

배고픔, 피곤함, 찌뿌둥함 등을 자각해 봅니다.
스트레칭이나 휴식, 수면, 식사,
필요한 것이 무엇인지 욕구를 관찰해 봅니다.

욕구가 채워지고
몸 상태가 변하면서 생각과 감정이 변화하는 것도
경험해 봅니다.

화가 날 때 마음챙김

얼굴이 달아오릅니다.
미움, 원망, 응징 등 다양한 생각이 지나갑니다.

분노가 치밉니다.
이것은 화입니다.
'지금 화가 났구나' 해줍니다.

신체 감각에 주의를 기울여 봅니다.
호기심으로 바라 봅니다.

열감, 힘이 들어간 근육, 뻐근함 등에 주목해 봅니다.
충동, 행동 의도와 생각이 붙어 있음을 봅니다.
이것은 분노입니다.
그냥 있는 그대로 알아줍니다.

다만, 행동은 멈춤 합니다.
조금 더 기다려 봅니다.

흐르는 물처럼
타오르는 연기처럼 관찰해 봅니다.
시간이 지나도 그대로인지 봅니다.

어떤 생각이 붙어 있나 봅니다.
어떤 생각이 지나가는지 관찰해 봅니다.
분노에 생각이 연료가 되고 있지 않은가 주목해 봅니다.

그래야 한다
그랬어야지
왜 그래
왜
그러면 안 돼
무조건, 당장, 항상 등
분노에 연료가 되는 생각, 단어에 주목해 봅니다.
언어가 더 큰 분노를 만들고 있음을 알아차림 합니다.

분노 감정과 거리 두고 바라 봅니다.
연료가 되는 생각과 거리를 두고 바라 봅니다.

숨이나 쉬어 봅니다.
가장 잘할 수 있는 호흡부터 해 봅니다.
천천히 들이마시고 길게 내쉽니다.
평화~

조금 마시고 더 길게 천천히 내쉽니다.
평화~

마실 때의 시원한 감각, 내쉴 때의 따뜻한 숨
그 감각에 집중해 봅니다.

행동하고 싶은 마음
뜨거운 불탄을 손으로 던지고 싶은 마음을 머물러 봅니다.

끊임없는 생각이 온다면
생각대로 행동하기보다 좀 더 호흡하며 기다려 봅니다.

가만히 머물면서 변화가 있는지 호기심으로 살펴 봅니다.
연료를 주지 않으니 사그라드는 새 경험입니다.

분노 이면의 불안과 두려움도 있다면 마주합니다.
'내 권리를 위해 싸우려고 하는구나~' 해줍니다.
'스스로 씨름하고 애쓰고 있구나~' 해줍니다.

실체의 의도가 더 드러날 때까지 기다려 봅니다.
생각의 변화가 일어나는지 잠시 멈춤 해 봅니다.

오직 여기서 호흡에 주의를 기울여 봅니다.
차분해지는 마음을 관찰해 봅니다.

인생이 허무할 때 마음챙김

잠시 멈추고 지친 마음을 바라 봅니다.
"네 녀석이 또 찾아왔구나!" 해줍니다.

피로감도 알아차려 봅니다.
귀찮은 마음도 주목해 봅니다.

이렇게 살면 무엇하나
생각을 생각으로 봅니다.
이런 생각이 지나가는구나 해 봅니다.

구름을 봅니다.
생각이 구름처럼 흘러간다 관찰해 봅니다.

우울함, 슬픔의 마음
호기심으로 관찰해 봅니다.

익숙한 마음이고 기억이 난다면
'네가 왔구나. 얼마나 머물다 갈거니?' 해줍니다.

우울한 마음과 함께 붙어 있는 생각을 관찰해 봅니다.
부정적인 생각, 비관을 알아차림 합니다.

사실이기보다 그저 생각입니다.
믿지 말고 좀 더 지켜보기로 합니다.

날씨가 바뀌듯 변화한다는 것을 알고 있습니다.
있는 그대로 받아들여줍니다.

메시지를 주는구나.
피곤한 몸과 신체 감각을 알아차려 봅니다.

내 몸아 마음아 고생하고 있구나.
충전하러 가자 해줍니다.

생각은 내일도 할 수 있다 해줍니다.
마시고 내쉬는 호흡에 집중해 봅니다.
천천히 걷습니다.

생각과 감정이 거리가 생깁니다.
생각과 감정은 내가 아니라는 것이 지나갑니다.

가치에 가까운 방향으로 이동합니다.
생존과 건강에 도움 되는 그것을 다시 시작합니다.

당신은 혼자가 아닙니다.

혼란과 멍함 마음챙김

멍하고 현실이 아닌 것 같습니다.
졸립기도 하고 힘이 빠집니다.

지금 나는 어떤 상태입니까?
'알아차리는 나'가 잘 작동합니까?

주변에 물건들을 새롭게 바라봅니다.

그림이 보입니다.
그곳에 오롯이 머물러 봅니다.
저런 색감에 재질에 저런 사인이 있었구나

고무나무 잎이 보입니다.
오늘따라 어두워 보입니다.
말라가는 한두 잎이 보입니다.
물이 필요한가 보구나.
다양한 생각이 지나가는 것을 알아차림합니다.

블라인드가 보입니다.
갈색 나무 재질의 블라인드
나무결이 보입니다.
촘촘히 연결되어 있습니다.

각각의 익숙한 물건들을 새롭게 보면서
각성이 깨어나고 머리가 맑아짐을 알아차려 봅니다.

의자에 앉아 몸을 살펴 봅니다.
의자에 기댄 등의 감각을 느껴 봅니다.

무릎의 미묘한 통증을 관찰해 봅니다.
수고하는 무릎입니다.

발바닥에 감각을 관찰해 봅니다.
발바닥에 디딘 온도가 느껴집니다.
양말과 슬리퍼의 폭신함도 느껴 봅니다.
바닥에 닿은 다리의 무게감을 느껴 봅니다.

현재에 머물렀습니다.
졸림이 지나가고 또렷함이 점차 왔습니다.
지금 여기에 있습니다.

수치심 마음챙김

얼굴이 화끈거립니다.
목과 귀 뒤와 두피에 온열감이 느껴집니다.

불쾌한 감정이 크게 휘감습니다.
이것은 무엇일까요?

부정적 생각의 화살이 꼬리를 물고 찾아옵니다.
이런 일이 왜 내게 일어났을까?라는 생각이 지나갑니다.
왜 하필 나야?라는 생각이 지나갑니다.

생각이 끝도 없이 파도처럼 옵니다.
나를 어떻게 생각할까?라는 생각이 지나갑니다.
분명 나를 손가락질 할거야 라는 생각이 지나갑니다.
쪽팔리다는 말이 맴돌다 지나갑니다.
부끄러워 고개를 들 수 없다는 생각이 지나갑니다.

머리를 싸매고 있습니다.
머리카락을 쥐어 뜯고 싶어집니다.
이 상황을 벗어나 뛰쳐나가고 싶어집니다.
누가 또 봤을까 살피고 싶은데 고개가 무겁습니다.

다 그만 둘까 하는 문제해결 모드가 지나갑니다.
그만두면 이런 일은 겪지 않을거란 생각이 지나갑니다.
나는 이런 대우를 받으면 안 된다는 생각이 지나갑니다.
생각이 지나가는 것을 알아차립니다.
모두 생각입니다.

길게 내쉬는 호흡 한번
짧게 마시는 호흡 한번
눈도 지그시 감고 머물러 봅니다.
모두 생각이라 이름을 붙여줍니다.

나는 누군가의 평가보다 큰 존재입니다.
사람들은 나만 바라보지 않습니다.
나는 넘어지고 실수했지만 손상 받지 않았습니다.
앞으로 또 그러라는 법은 없습니다.

내가 무엇을 중요하게 생각하는가 깨닫습니다.
슬픔, 분노, 속상함, 짜증, 섭섭함도 이름을 붙여 봅니다.

봄 여름 가을 겨울, 배나무처럼
나는 배나무입니다.
꽃이 피고, 비바람을 맞고, 서리를 맞고, 눈이 쌓이고, 열매가 있고 없고
나는 배나무입니다.

나는 나로 변하지 않습니다.
알아차리는 나는 변하지 않습니다.
나는 생각과 감정보다 큰 존재입니다.

고요히 눈을 감습니다.
다음 어디로 갈지, 무엇을 할지 명료해집니다.

우울 마음챙김

마음의 날씨가 어떻습니까?
제 마음의 날씨는 하늘에 먹구름이 가득합니다.

마음의 날씨가 어떻습니까?
제 마음의 날씨는 흐립니다.

마음의 날씨가 어떻습니까?
비가 쏟아질 듯 눈물이 앞을 가립니다.

슬프고 침울하고 울고 싶은 이것은 어디서 오는 것일까요?

몸에서 무엇이 느껴집니까?
머리가 무겁고 관자놀이가 아픕니다.

배가 알싸하게 아픕니다.
가슴이 답답하고 쩌릿쩌릿합니다.
피부가 열감과 함께 한기가 느껴집니다.

허리와 복부 아래가 싸하고 찌릿하게 아픕니다.
다리도 뻐근하고 발바닥에 차가움이 느껴집니다.

감정은 어떻습니까?

멍하고 졸립고 기운이 없게 느껴집니다.

짜증도 나고 울적합니다.

생각은 어떻습니까?

"이렇게 살아 무엇하나"라는 생각이 있습니다.

"내가 잘못한 것이 많구나"라는 생각이 있습니다.

"그 이별이 내 탓이구나"라는 생각이 있습니다.

"그 실패가 내 게으름 탓이구나"라는 생각이 있습니다.

"나는 쓸모없다"라는 생각이 있습니다.

_____라는 생각이 있다고

말하면서 거리가 생깁니다.

나는 무엇이 중요합니까?

우울한 나는 중요한 것이 없습니다.

우울함을 알아차리는 나는 무엇이 중요합니까?

나는 누가 무엇이 중요합니까?

가족이 고객이 친구가 내가 중요합니다.

어떤 행동이 도움이 됩니까?
움직임이 도움이 됩니다.
상담이 도움이 됩니다.
걷기가 도움이 됩니다.
지금 여기서 호흡에 머무는 것이 도움이 됩니다.

우울감이 옅어지는 것을 관찰해 봅니다.
파도처럼 지나가고 있음을
시냇물처럼 흘러가고 있음을
꽃잎처럼 바람에 날리고 있음을
구름처럼 지나가고 있음을 관찰해 봅니다.

다툼과 갈등 중 마음챙김

팽팽한 갈등과 긴장을 알아차림 합니다.
씨름하는 모드를 알아차려 봅니다.

말이 통하지 않는 벽
다른 생각
다른 입장
다른 언어
기대와 다른 태도를 알아차림 합니다.

신체 감각을 알아차려 봅니다.
가슴이 막힌 느낌, 열감, 두통 등 다양한 감각을 관찰해 봅니다.

바람과 좌절을 알아차림 합니다.
욕구와 기대를 알아차림 합니다.

경계와 침해의 느낌을 관찰합니다.
설명하고 이해시키려는 생각을 관찰합니다.

대화 단절 이후에도
끊임없는 대화와 논쟁, 생각과 이미지를 경험합니다.
분노와 슬픔에 연료를 주고 있는 자신을 바라 봅니다.

긴장 상태, 불편한 신체 상태는 부정적인 생각을 가져옵니다.
스트레칭과 이완을 해 봅니다.
몸에서의 이완 감각을 경험해 봅니다.

주먹을 쥔 손을 펴면, 공격의 도구를 잡지 못함을 알아차림 합니다.
지금은 팽팽한 입장의 차이가 쉽게 바뀌지 않을 것이란 것을 수용
합니다.
통제하려는 의도와 바람을 알아차려 봅니다.

천천히 느리게 호흡합니다.
더 깊게 마시고, 길게 내쉬며 호흡에 주목합니다.

끊임없는 생각에 이름을 붙여 봅니다.
이건 분노다
이건 바람이다
이건 생각이다
이건 통제 욕구다
이건 미움이다

저 사람의 변덕과 변화된 태도는
저 사람의 생존 욕구와 불안과 관련이 있음을 수용해 봅니다.

저 사람도 완벽하기 어려운 부족한 사람이고
나도 그렇다는 것을 수용해 봅니다.

저 사람도 고통에 민감하고 고통을 피하고 싶어 하며,
나도 그렇다는 것을 수용해 봅니다.

저 사람의 기대와 다른 행동은
나와 다른 기대와 다른 마음과 기질과 성격에서 나왔음을 수용해
봅니다.

저 사람은 나와 다른 마음이며
존중받아야 할 다양성의 마음임을 알아차림 합니다.

침해와 무례에 대해 자신을 보호하는 마음을 알아차려 봅니다.
가족을 보호하고자 하는 마음을 알아차려 봅니다.

때로 피하는 것, 상대하지 않는 것이 도움이 될 때가 있음을 수용합
니다.
상대방을 내 마음대로 바꿀 수 없음을 수용해 봅니다.

천천히 느리게 호흡합니다.
가치를 생각해보고 도움이 되는 선택을 해 봅니다.

피할 수 없고, 한 버스를 타고 같이 가야 한다면
내리게 하려고 씨름하고 줄다리기 하기보다는
샅바와 줄을 놓고 거리와 공간을 만듭니다.
마주 앉아 투쟁하기보다 옆에 앉아 봅니다.

그럼에도 가치 전념을 위해 소통해야 함을 인정해 봅니다.
영향 범위가 작아지도록 감정의 가중치를 더 추가하지 않습니다.
갈등 대상을 내 삶에서 주인공 자리로 내주지 않습니다.

화해와 소통은 지금이 아니어도 좋습니다.
느리게 호흡하며, 차분해진 감정, 적절한 때를 기다립니다.

그리움 마음챙김

불쑥 가슴이 철렁 내려앉습니다.
명치 안쪽이 아려 옵니다.
알싸하게 심장 주변에 통증이 있습니다.

눈물이 와락 다가옵니다.
무엇이 지나간 것일까요?

그 사람이 생각이 났습니다.
얼굴이 아른거립니다.
실루엣이 보이는 듯 합니다.

자신의 경험에 대해 놀랍니다.
보고 싶은 마음입니다.

함께 있지 못한 마음에 속이 상합니다.
더 오래 보지 못함에 슬픔이 옵니다.
아파서 잊을 수 있는 다른 일을 하고 싶다가도

회피라는 것을 알아차림 합니다.
아프면서 그리운 마음을 살펴 봅니다.

크기가 얼마만한지 가늠해 봅니다.
그리움의 무게가 얼마일지 생각해 봅니다.
그리움의 감촉은 어떤지 생각해 봅니다.
그리움의 온도도 느껴 봅니다.

이 그리움이 슬픔, 우울, 불안이 섞여 있음을 알아차려 봅니다.
어떤 생각이 붙어 있나 살펴 봅니다.

다시 못 보면 어떡하나 하는 걱정이 있습니다.
지금 함께 있고 싶으나 그렇지 못한 좌절에서 오는 슬픔임을 봅니다.
원하는 바대로 되지 않음에서 오는
함께 있을 때 더 잘해주지 못했나 하는 생각 옆에
붙어 있는 우울을 살펴 봅니다.

괜찮다 해줍니다.
호흡, 호흡과 함께 머물러 봅니다.
그리움을 아기 손잡듯 살포시 잡고 머물러 봅니다.

불같이 타오르고 춥고 외롭던 그리움이
은근하고 따뜻한 기억과 함께 머물다 지나갑니다.
하던 일을 마저 집중해서 하려고 펜을 들었습니다.

119

공황 마음챙김

답답한 마음입니다.
숨을 자꾸 들이마시게 됩니다.
마실수록 더 목이 조여 옵니다.

몸과 마음이 힘들고 죽을 것 같습니다.
뛰쳐나가고 싶어집니다.

엄습한 두려움입니다.
피하지 못할 것 같습니다.
죽을지 모르겠습니다.
다시는 가족을 못 볼지 모르겠습니다.
대처를 할 수 없을 거 같습니다.
119도 오기 전에 사달이 날 거 같습니다.

모두 파국적 생각입니다.
불안으로 숨이 답답해서 죽은 사람은 없다는 말이 지나갑니다.

일단 숨을 내쉬어 봅니다.
길게 내쉽니다.
그리고 조금 마십니다.

내쉬니 한결 나은 느낌입니다.
더 길게 내쉬어 봅니다.

10분 안에 이 고통이 지나간다고 알고 있습니다.
더 길게 내쉬어 봅니다.
눈물이 나올 거 같습니다.

마시고 더 길게 내쉽니다.
평화~

나는 왜 이럴까 마음이 옵니다.
지금은 원인이 중요하지 않다는 생각이 지나갑니다.

눈을 뜨고 더 깊고 느리고 길게 내쉽니다.
아무것도 하지 않아도 좋습니다.

길게 느리게 호흡에 머물러 봅니다.
내쉴 때의 감각
나는 여기에 있습니다.
지금 여기에 땅에 발을 붙이고 있습니다.

시야가 서서히 확장이 됩니다.
신체 감각의 느낌이 옅어집니다.
지나가나 봅니다.
피하지 않은 자신이 대견합니다.

점차 차분해집니다.

불안과 함께 여기에 있었습니다.

나는 건재합니다.

폭풍 같은 감정은

잔잔한 호수와 같아지고 있습니다.

나는 감정을 없애려 하지 않고 대처할 수 있습니다.

안도감과 자신감이 지나갑니다.

역경 속 마음챙김

역경이 언제 어디에 있습니까

우리 모두의 삶에, 지금 여기에 함께 있습니다.

고통과 존재의 나를 분리해서 참 나로 살며시 바라 봅니다.

우리와 늘 함께 있는 평생 친구인 호흡을 바라 봅니다.

견고하게 디딘 바닥을 느껴 봅니다.

마음챙김이 있으면 소우주 안에서 역경이 한결 가볍게 느껴집니다.

마음챙김 소개

마음챙김 명상에 대해

마음챙김(Mindfulness, Sati)은 알아차림(awareness)의 다른 말로, 역사적으로 모든 종교의 수행 방식으로 인류와 함께 있어 왔고 모든 종교에서 가르치고 있습니다(Merton, 1960; Pinson, 2004; Rahula, 1974; Inayat Khan, 2000). 전두엽의 고차원적인 활동이며, 마음챙김을 훈련하는 것만으로 신경가소성의 원리처럼 신경계와 세포의 연결로 확장을 경험하며 그 결과 높은 주의력과 조절력을 부수적으로 얻을 수 있으며, 안정적인 자기감을 형성하게 합니다.

마음챙김의 정의를 "현재 이 순간에 판단 없이 의도적으로 특정 대상에 주의를 기울이는 것"이라고 말합니다(카밧진, 1990). 카밧진은 "마음챙김은 개념, 좋은 생각 등이 아닌 존재의 방식"이라 말한 바 있습니다. 저는 마음챙김이란 "현재에 존재하는 방식으로, 자신을 거리를 두고 바라보는 인지를 바탕으로, 지향하는 대상에 의도를 가지고, 맑고 친절한 주의를 기울이고, 자극과 경험을 받아들이고 머물고 관찰하며, 알아차림 중에 깨달음이 오는 전체적 과정"이라고 통합적으로 정의하고 싶습니다. 마음챙김은 스펙트럼이 넓고 역량이 확장되는 개념입니다. 판단하지 않는 순수한 주의가 친절함과 사랑, 자비와 연결됩니다.

마음챙김이 충만하다는 것은 주의-지향, 의도, 거리두기-관찰하기, 받아들이기, 알아차림, 깨달음 등 전체 과정이 활성화되어서 고통과 생각에 빠져 있기보다는 거리를 두고 회피없이 머무르는 것입니다. 열린 마음으로 순수(bare)하고 맑은(clean) 주의가 있는 것입니다. 현재 지금 여기에서 모든 경험을 알아차리는 '참 나'가 주인으로 마인드 (생각), 개념과 고통, 스트레스에 매이지 않고 자유롭다는 것을 의미합니다.

그럼, 마음챙김이 부재한다는 것은 무엇일까요? 주의분산과 산란하고 혼탁한 마음이라는 것입니다. 명상과 거리가 있다는 것이며, 부주의하고 여기에 머물지 못하고, 걱정과 생각, 우울 등에 흔히 빠져 있으며, 자신과 자신의 맥락을 보지 못하는 것을 말합니다.

명상을 한다는 것은 과정 중심의 수행이며, 마음챙김을 포함하는 과정을 잘하고 못하고 판단 없이 지속하는 것입니다. 수경 식물의 뿌리가 퍼져나가듯 정신 훈련을 통해 성장하고 발전하는 과정을 말합니다. 다양한 명상의 세 가지 본질적인 요소를 저자는 알아차림(지켜보기 –자각), 머물기(집중), 관찰하기(지켜보기–깨달음)로 보고 있으며, 세 가지 연습으로 자기 자비심이 길러질 수 있다고 보고 있습니다.

마음챙김은 수용적 방식으로 순간의 경험에 접촉하게 합니다. 판단과 평가를 내려놓고 접촉하게 하므로 자비심과 밀접하게 닿아 있습니다. 자비심은 분노와 트라우마, 정서적 고통, 생각에 빠져 경험하는 다양한 질환의 해독제로 현대인들에게 마음챙김을 권하는 이유입니다. 자주 마음챙김을 연습할수록 근력처럼 주의가 쫀쫀해지고 건강하게 대처하는 방법으로 가는 길이 크고 명료하게 난다고 보고 있습니다. 10초, 1분, 10분도 좋습니다. 연습의 빈도가 중요합니다.

다음에 안내하는 다양한 일상에서 행위 중 멈추고 머물며 마음챙김을 해볼 때, 마치 배에 닻을 내리듯 안정감을 경험하며 현재에 머물

수 있을 것입니다. 명상만으로 삶이 바뀌지 않습니다. 가치전념 행동이 꼭 필요합니다. 명상은 대처행동이며, 경험에 다가가고 행동이 바뀌어야 삶에도 변화가 옵니다. 회피없이 마음챙김 할 때, 생각과 감정에 쓸려 가지 않고 순간을 붙잡아 현재에 존재하게 도울 것입니다. 지금-여기에서 판단 없이 안내에 따라 같이 또는 따로 마음챙김을 체험하며, 주의가 한 중심점을 오고 가며 그려지는 마음챙김 꽃을 피워보시길 권합니다. 일상에서 팍팍하고, 건조하고, 열감이 있고, 지친 마음의 갈증에 샘물 같은 체험을 줄 것입니다.

마음챙김 꽃: 주의와 알아차림 과정(송승훈, 2023)

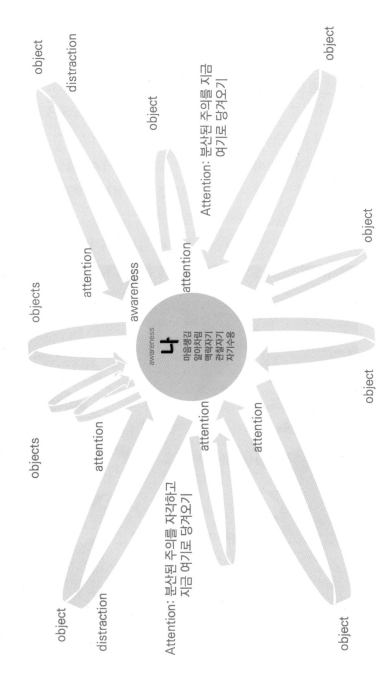

마음챙김의 과정 모형: 오감 및 정신 경험을 지각하고 주의가 지금/여기 나로 돌아오는 과정

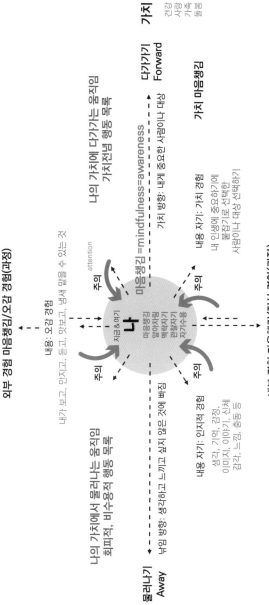

가치
건강
사랑
가족
돌봄

다가가기 Forward

나의 가치에 다가가는 움직임
가치전념 행동 목록

나의 가치에 다가가는 움직임

마음챙김=mindfulness=awareness

가치 방향: 내게 중요한 사람이나 대상

가치 마음챙김

내용 자기: 가치 경험
내 인생에 중요하기에
붙잡기로 선택한
사람이나 대상 선택하기

외부 경험 마음챙김/오감 경험(과정)

내용: 오감 경험

내가 보고, 만지고, 듣고, 맛보고, 냄새 맡을 수 있는 것

attention
주의

나
지금&여기
마음챙김
알아차리기
맥락자기
관찰자기
자기수용

내부 경험 마음챙김/정신 경험(과정)

주의

나의 가치에서 물러나는 움직임
회피적, 비수용적 행동 목록

물러나기 Away

물러남 방향: 생각하고 느끼고 싶지 않은 것에 빠짐

내용 자기: 인지적 경험

생각, 기억, 감정,
이미지, 이야기, 신체
감각, 느낌, 충동 등

세 가지 자기감(sense of self)
1) 내용으로서의 자기=개념화된 자기=인지적 범주화된 평가="나는 ___ 이다(초록색 글자)"
2) 과정으로서의 자기=알아차림 aware= ongoing self-awareness ="나는 이것을 느낀다. 나는 생각한다. 나는 이것을 본다(보라색 글자)."
3) 맥락으로서의 자기=전체 맥락을 관찰하는 중임('나 알아차림')에 있다. 맥락적 자기=관찰하는 자기=초월적 자기=영적 자기=비물질적 자기=체스판

출처: 마음챙김 과정 모형. 송승훈, 송승훈. 2023(Polk & Schoendorff, 2014, ACT Matrix 응용).

심리장애 악화와 지속 요인: 경험 회피 모형(송승훈, 2023)

마음챙김 연습은 회피하는 경험을 수용-노출하여 치유와 성장을 돕습니다.

출처: 심리장애 경험 회피 모형(송승훈, 2023)

132

마음챙김 경험을 위한 제안

1. 무엇이든 지정한 경험/자극에 순수하게 머물러 조용히 관찰해 봅니다.

2. 찾아오는 경험을 손님처럼 반갑게 있는 그대로 판단 없이 받아들여 봅니다.

3. 그 주의를 기울인 대상/행동에 대한 생각을 받아들이고 놓아 봅니다.

4. 감각에서 머물기를 먼저 하고 신체, 감정, 생각 순으로 난이도를 옮겨 가 봅니다.

5. 친절하게 자신과 주의 대상을 대해 줍니다.

6. 슬로우 비디오처럼, 천천히 해 봅니다.

7. 경험을 더 음미하고 머물러 봅니다.

8. 이 과정을 신뢰해 봅니다.

9. 비난을 내려놓고 친절하게 경험을 대해줍니다.

10. 스스로 어떤 경험도 괜찮다고 해주고, 결과보다 과정이라 해주며 자주 해 봅니다.

11. 마음은 원래 산만하며 생각, 감정과 씨름하는 대신 천천히 사라지게 내버려 둡니다.

12. 마음챙김은 자동조종장치와 반대되는 개념으로 건강하지 않을 때 잦은 알아차림 연습이 필요합니다.

마음챙김 명상에 대한 오해

1. 마음챙김은 잠을 잘 자기 위한 것이다.

2. 마음챙김은 조용한 시간과 공간에서만 해야 한다.

3. 마음챙김 명상을 할 때는 완전한 몰입, 머릿속이 비워져야 한다.

4. 마음챙김 명상은 생각이 비워져서 백지상태여야 한다.

5. 마음챙김 명상은 특정 종교의 것이다.

6. 마음챙김 명상을 하는 사람은 영적 · 정신적 경지에 오른 사람이 하는 것이다.

7. 마음챙김 명상을 할 때, 흥분하지 않고 가라앉힌 후에 해야 한다.

8. 마음챙김 명상은 날을 잡고 컨디션이 좋을 때 해야 한다.

9. 마음챙김 명상은 효과가 있거나 없거나 둘 중 하나이다.

10. 마음챙김 명상은 경험이 많고 나이가 많은 사람만 할 수 있다.

11. 마음챙김 명상과 관련된 꼭 그래야 한다는 모든 규칙이 있으며, 무조건 따라야 한다.

마음챙김 명상 기초 안내

30초 감각 마음챙김(시각, 후각, 청각, 미각, 촉각)

1. 오감 중 하나를 정해, 어떤 감각이든 좋습니다. 감각에 집중하면서 가능한 많은 경험에 주의를 기울여 봅니다.

2. 가능한 많은 감각을 알아차리고 관찰합니다.

3. 주변에서 경험하고 내적으로 경험되는 모든 감각에 주의를 기울여 봅니다.

4. 과격하게 움직이거나 말하지 않고 그 정한 감각에 머물러 봅니다.

5. 더 큰 것에서 더 작은 것, 더 큰 경험에서 더 작은 경험에 주의를 기울여 봅니다.

6. 약간의 변화를 주면서 감각에 더 머물러 보세요.

7. 다양한 자극, 맛, 감촉, 소리, 향 중 하나에 자세히 주의를 기울여 봅니다.

8. 마음이 다른 곳으로 옮겨가고 생각이 오면, "괜찮다. 얼마나 머물다 갈거니?" 해주고 내려놓고 그 감각으로 다시 돌아옵니다.

9. 또 끼어드는 생각과 기억 등이 오면 부드럽게 다시 감각으로 돌아가 봅니다.

10. 잘하고 못하고가 아니라 머물러 보는 이 과정이 소중합니다. 포용
    해주세요.

11. 변화나 깨달음이 있나 보고 지금 필요한 행동, 하던 일, 계획한
    일로 돌아가 봅니다.

* 감각의 대상은 호흡이나 신체 특정 느낌에 대해서도 할 수 있습
니다. 걷는 중에 걷는 감각에 집중하면, (걷기) 마음챙김 명상입니
다. 차를 마실 때 감각에 음미하면 (차) 마음챙김 명상이며, 호흡에
머물며 알아차림하면, (호흡) 마음챙김 명상입니다. 이처럼 다양한
대상에 대해 지향하며 소개한 방식을 적용해서 머물러 볼 수 있습
니다. 다만, 눈을 감거나 무엇인가 멈췄을 때, 보호가 되는 안전한
장소에서 실습하시길 권합니다.

지금 여기를 사는 법

매일 5분 마음챙김 연습 일지

무슨 일이 일어나고 있는지 주목/관찰하고 기록해 봅니다.

1. 지금 나는 어떤 상태인가 알아차려 보세요. (알아차림)

_____

_____

_____

2. 지금 어떤 신체 감각을 경험하고 있나요? (감각 알아차림)

_____

_____

_____

3. 지금 무엇이 보이나요? (감각 알아차림)

_____

_____

_____

4. 지금 무엇을 듣고 있나요? (감각 알아차림)

5. 지금 어떤 감정이 느껴지나요? (감정 알아차림)

6. 지금 나는 무슨 생각을 하고 있나요? (생각 알아차림)

7. 1~6번까지 주목한 이후에 어떤 변화가 자신에게 알아차려지나요?
   (변화 알아차림)

8. 나는 무엇을 해야 하나요? 내게 지금 무엇이 중요하고, 어떤 행동이
   지금 도움이 되나요? (가치전념 행동)

지금 여기를 사는 법

매일 5분 마음챙김 연습 일지

무슨 일이 일어나고 있는지 주목/관찰하고 기록해 봅니다.

1. 지금 나는 어떤 상태인가 알아차려 보세요. (알아차림)

---

2. 지금 어떤 신체 감각을 경험하고 있나요? (감각 알아차림)

---

3. 지금 무엇이 보이나요? (감각 알아차림)

---

4. 지금 무엇을 듣고 있나요? (감각 알아차림)

5. 지금 어떤 감정이 느껴지나요? (감정 알아차림)

6. 지금 나는 무슨 생각을 하고 있나요? (생각 알아차림)

7. 1~6번까지 주목한 이후에 어떤 변화가 자신에게 알아차려지나요?
   (변화 알아차림)

---

8. 나는 무엇을 해야 하나요? 내게 지금 무엇이 중요하고, 어떤 행동이
   지금 도움이 되나요? (가치전념 행동)

매일 5분 마음챙김 연습 일지

무슨 일이 일어나고 있는지 주목/관찰하고 기록해 봅니다.

1. 지금 나는 어떤 상태인가 알아차려 보세요. (알아차림)

_____

_____

_____

2. 지금 어떤 신체 감각을 경험하고 있나요? (감각 알아차림)

_____

_____

_____

_____

3. 지금 무엇이 보이나요? (감각 알아차림)

_____

_____

_____

4. 지금 무엇을 듣고 있나요? (감각 알아차림)

5. 지금 어떤 감정이 느껴지나요? (감정 알아차림)

6. 지금 나는 무슨 생각을 하고 있나요? (생각 알아차림)

7. 1~6번까지 주목한 이후에 어떤 변화가 자신에게 알아차려지나요?
   (변화 알아차림)

   _____

   _____

   _____

   _____

   _____

8. 나는 무엇을 해야 하나요? 내게 지금 무엇이 중요하고, 어떤 행동이
   지금 도움이 되나요? (가치전념 행동)

   _____

   _____

   _____

   _____

   _____

지금 여기를 사는 법

매일 5분 마음챙김 연습 일지

무슨 일이 일어나고 있는지 주목/관찰하고 기록해 봅니다.

1. 지금 나는 어떤 상태인가 알아차려 보세요. (알아차림)

2. 지금 어떤 신체 감각을 경험하고 있나요? (감각 알아차림)

3. 지금 무엇이 보이나요? (감각 알아차림)

4. 지금 무엇을 듣고 있나요? (감각 알아차림)

5. 지금 어떤 감정이 느껴지나요? (감정 알아차림)

6. 지금 나는 무슨 생각을 하고 있나요? (생각 알아차림)

7. 1~6번까지 주목한 이후에 어떤 변화가 자신에게 알아차려지나요? (변화 알아차림)

_____

_____

_____

_____

_____

8. 나는 무엇을 해야 하나요? 내게 지금 무엇이 중요하고, 어떤 행동이 지금 도움이 되나요? (가치전념 행동)

_____

_____

_____

_____

_____

지금 여기를 사는 법

매일 5분 마음챙김 연습 일지

무슨 일이 일어나고 있는지 주목/관찰하고 기록해 봅니다.

1. 지금 나는 어떤 상태인가 알아차려 보세요. (알아차림)

_____

_____

_____

2. 지금 어떤 신체 감각을 경험하고 있나요? (감각 알아차림)

_____

_____

_____

3. 지금 무엇이 보이나요? (감각 알아차림)

_____

_____

_____

4. 지금 무엇을 듣고 있나요? (감각 알아차림)

5. 지금 어떤 감정이 느껴지나요? (감정 알아차림)

6. 지금 나는 무슨 생각을 하고 있나요? (생각 알아차림)

7. 1~6번까지 주목한 이후에 어떤 변화가 자신에게 알아차려지나요?
   (변화 알아차림)

8. 나는 무엇을 해야 하나요? 내게 지금 무엇이 중요하고, 어떤 행동이
   지금 도움이 되나요? (가치전념 행동)

지금 여기를 사는 법

매일 5분 마음챙김 연습 일지

무슨 일이 일어나고 있는지 주목/관찰하고 기록해 봅니다.

1. 지금 나는 어떤 상태인가 알아차려 보세요. (알아차림)

2. 지금 어떤 신체 감각을 경험하고 있나요? (감각 알아차림)

3. 지금 무엇이 보이나요? (감각 알아차림)

4. 지금 무엇을 듣고 있나요? (감각 알아차림)

5. 지금 어떤 감정이 느껴지나요? (감정 알아차림)

6. 지금 나는 무슨 생각을 하고 있나요? (생각 알아차림)

7. 1~6번까지 주목한 이후에 어떤 변화가 자신에게 알아차려지나요?
   (변화 알아차림)

   _____

   _____

   _____

   _____

   _____

8. 나는 무엇을 해야 하나요? 내게 지금 무엇이 중요하고, 어떤 행동이
   지금 도움이 되나요? (가치전념 행동)

   _____

   _____

   _____

   _____

   _____

지금 여기를 사는 법

매일 5분 마음챙김 연습 일지

무슨 일이 일어나고 있는지 주목/관찰하고 기록해 봅니다.

1. 지금 나는 어떤 상태인가 알아차려 보세요. (알아차림)

_____

_____

_____

2. 지금 어떤 신체 감각을 경험하고 있나요? (감각 알아차림)

_____

_____

_____

3. 지금 무엇이 보이나요? (감각 알아차림)

_____

_____

_____

4. 지금 무엇을 듣고 있나요? (감각 알아차림)

5. 지금 어떤 감정이 느껴지나요? (감정 알아차림)

6. 지금 나는 무슨 생각을 하고 있나요? (생각 알아차림)

7. 1~6번까지 주목한 이후에 어떤 변화가 자신에게 알아차려지나요?
   (변화 알아차림)

---

8. 나는 무엇을 해야 하나요? 내게 지금 무엇이 중요하고, 어떤 행동이
   지금 도움이 되나요? (가치전념 행동)

저자 약력

심리학자 송승훈

마음챙김 명상 수행자로서, 현재 자유ON심리상담센터/ACT인지행동치료연구소 대표로 심리치료 활동과 연구에 매진하고 있으며, 대학에서 외래교수로 수용전념치료, 마음챙김, 심리평가 등을 가르치고 있다. 충남대학교에서 심리학을 전공한 후 동 대학원에서 임상 및 건강심리학 석사/박사 학위 과정을 수료했다. 한국인지행동치료학회 공인 CBT전문가(수련감독자), 한국심리학회 공인 건강 및 임상심리전문가(수련감독자), 보건복지부 공인 정신건강임상심리사1급 자격증을 소지하고 있다. 2005년부터 MBSR을 시작으로 심리치료에 마음챙김 기술을 적용해왔으며, 기업 내 명상 마스터로 사내 명상센터를 10년간 운영한 바 있다. ACT인지행동치료연구회 회장을 맡고 있으며, 수퍼비전을 통해 마음챙김 기반 수용전념치료자를 양성하고 있다.

주요 저/역서로는 「트라우마 치유를 위한 마음챙김 기술」(공역), 「트라우마 심리치료 ACT」(공역), 「아동청소년 수용전념치료 가이드」(공역), 「우울과 수치심의 수용전념치료」(공역) 등이 있다.

마음챙김, 소풍명상

초판발행   2023년 8월 21일

지은이   송승훈
펴낸이   노 현

편 집   배근하
기획/마케팅   조정빈
표지디자인   BEN STORY
제 작   고철민·조영환

펴낸곳   ㈜ 피와이메이트
       서울특별시 금천구 가산디지털2로 53 한라시그마밸리 210호(가산동)
       등록 2014. 2. 12. 제2018-000080호
전 화   02)733-6771
f a x   02)736-4818
e-mail   pys@pybook.co.kr
homepage   www.pybook.co.kr
ISBN   979-11-6519-431-4   93180

정 가   15,000원

박영스토리는 박영사와 함께하는 브랜드입니다.